中国汉简集字创作

汉简集字古诗

陶经新 编著

神龟虽寿犹有竟时螣蛇乘雾终为土灰骥老伏枥志在千里烈士暮年壮心不已盈缩之期不但在天养怡之福可得永年幸甚至哉歌以咏志

上海书画出版社

前言

简牍是中国古代纸张诞生和普及以前的书写材料。削制成狭长的竹片称『竹简』，木片称『木牍』，两者合称『简牍』。汉简是西汉、东汉时期记录文字的竹简和木牍的统称，也叫『汉代简牍』。

自二十世纪初以来，甘肃、新疆等地陆续出土的战国、秦汉、魏晋、隋唐时期简牍帛书，迄今林林总总已不下百余种。据不完全统计，包括已公开和尚未发表的简牍帛书总数已达二十五万余枚（件）。其中，出土量较多、字迹保存较完好，且书法美学价值较高的代表性汉代简牍当推《居延汉简》《武威简牍》《银雀山竹简》。另外，《敦煌汉简》《甘谷木简》《长沙马王堆汉墓简牍》《江陵凤凰山汉墓简牍》《江陵张家山汉墓竹简》《东海尹湾汉墓简牍》，以及近年来新出土并经整理发表的《定县八角廊汉简》《敦煌悬泉置汉简》《肩水金关汉简》《长沙走马楼汉简》《长沙东牌楼汉简》《长沙五一广场汉简》《北京大学藏汉简》等，都是书法爱好者学习汉代简牍艺术的重要范本。

汉代简牍，从传统文字书写的发展进程而言，当时民间书写文字正处在一个化篆为隶、化繁为简的过渡时期。手书简牍墨迹，不仅成为『隶变』这一古今文字分水岭的生动体现，而且再现了章草、今草、行书、楷书等字体的起源和它们之间孕育生发、相互作用的动态面貌。由于为非书家书写，加上书写者的情感宣泄与表达，故字体的风格和结构皆因书写者及书写内容的不同而异彩纷呈。其特点主要体现在点、线、面的随意发兴，心游所致。这些简牍或古质挺劲，或灵动苍腴，或含蓄古拙，或刚锐遒劲，给人以不同的审美感受；这些简牍在字体变化上也呈多样性表现，或化篆为隶，或化隶为行，或化草为简。通过线条的穿插、揖让、顾盼、收放、虚实、疏密等

各种艺术手段，浑然天成地表现出各种书写意态。这些简牍以形简神丰、萧散淡远、张弛相应、纵横奔放的特点见长，将实用性上升到书写性灵的绽放，尽显简牍书法的自然之美，更为后人一窥书法演变的过程和汉代翰墨真趣带来了极大的视觉享受。正所谓无色而具图画之灿烂，无声而有音乐之和谐，令观者心畅神怡。

是册《汉简集字古诗》收入先秦至清代古诗五十五首，计一千七百二十字，以《居延汉简》《武威简牍》为依托，参以《银雀山竹简》《马王堆汉墓简牍》《肩水金关汉简》及近年整理出土的相关简牍文字而集成。其中在简牍文字中匮缺的字，则依据简牍书写结构及偏旁部首再造为之，并力求不失其韵味。册首所列书法形制，亦是探索简牍书法作品创作的一种尝试，旨在通过集字的形式，进一步探索汉代简牍艺术所蕴涵的审美价值和美学理念，希望为广大书法爱好者有所借鉴。但遗憾的是，因篇幅和编者集字风格所限，难以尽显泱泱汉代简牍翰墨之精彩，谬误之处也在所难免，祈望读者和方家不吝指正。

岁次丁酉仲春　远斋陶经新于海上补蹉跎室

目录

书法形制参考

集字古诗

神龜雖壽猶有竟時騰蛇乘霧終為土灰老驥伏櫪志在千里烈士暮年壯心不已盈縮之期不但在天養怡之福可得永年幸甚至哉歌以詠志

書曹德詩 遠齋

中堂

相見時難別
亦難東風無
力百花殘春
蠶到死絲方
盡蠟炬成灰淚始
乾曉鏡但
愁雲鬢改
夜吟應
覺月光寒
蓬山此
去無多路青
鳥殷勤為探
看
右李義山詩一首
海上

折扇

千錘萬鑿出深山，烈火焚燒若等閒。粉骨碎身全不怕，要留清白在人間。

横幅

岱宗夫如何齊魯青未

了造化鍾神秀陰陽割

昏曉蕩胸

生曾雲決眦入歸鳥會

當淩絕頂一覽衆山小

杜少陵詩一首 逵齋

屏条

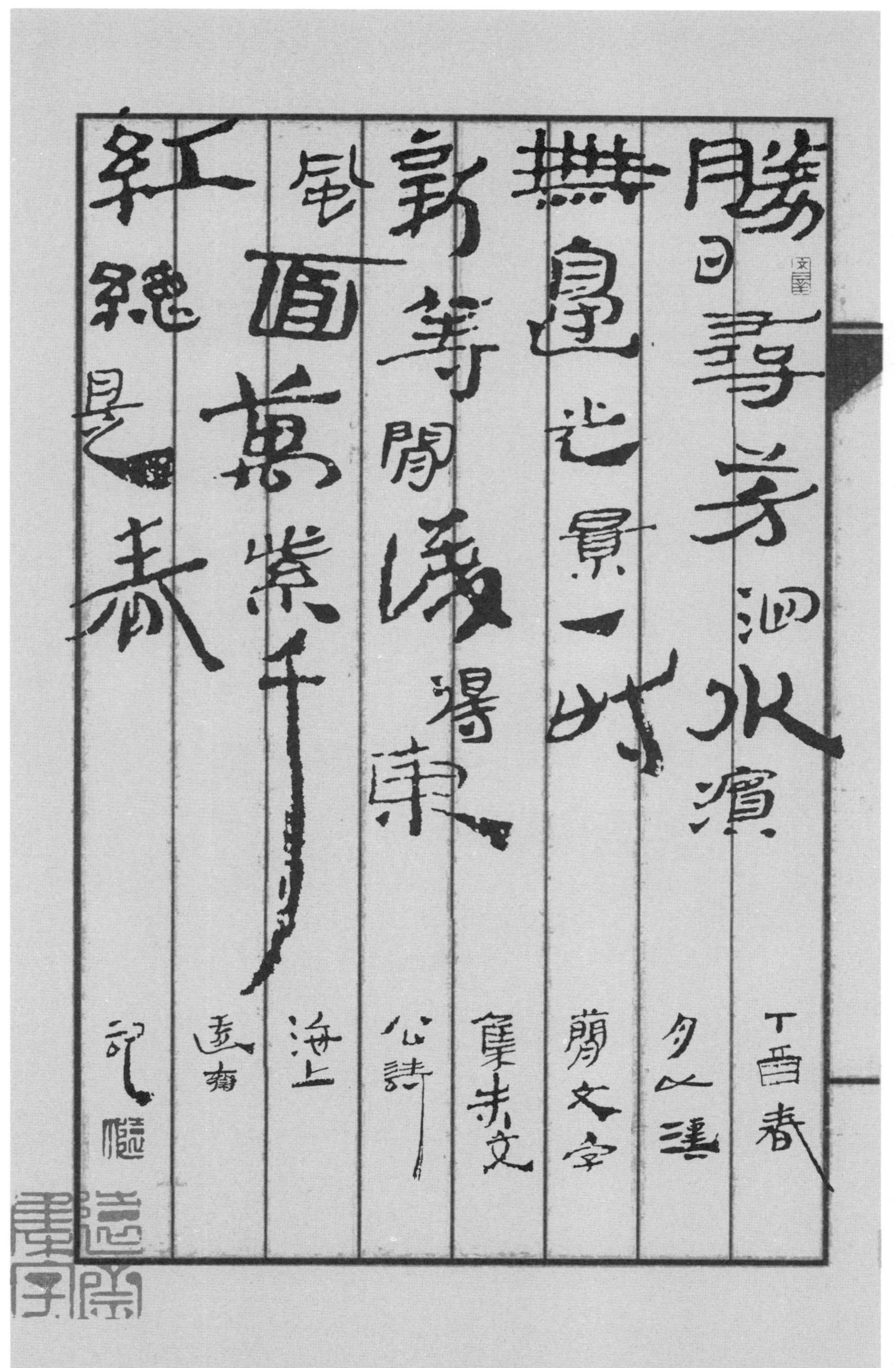

信札

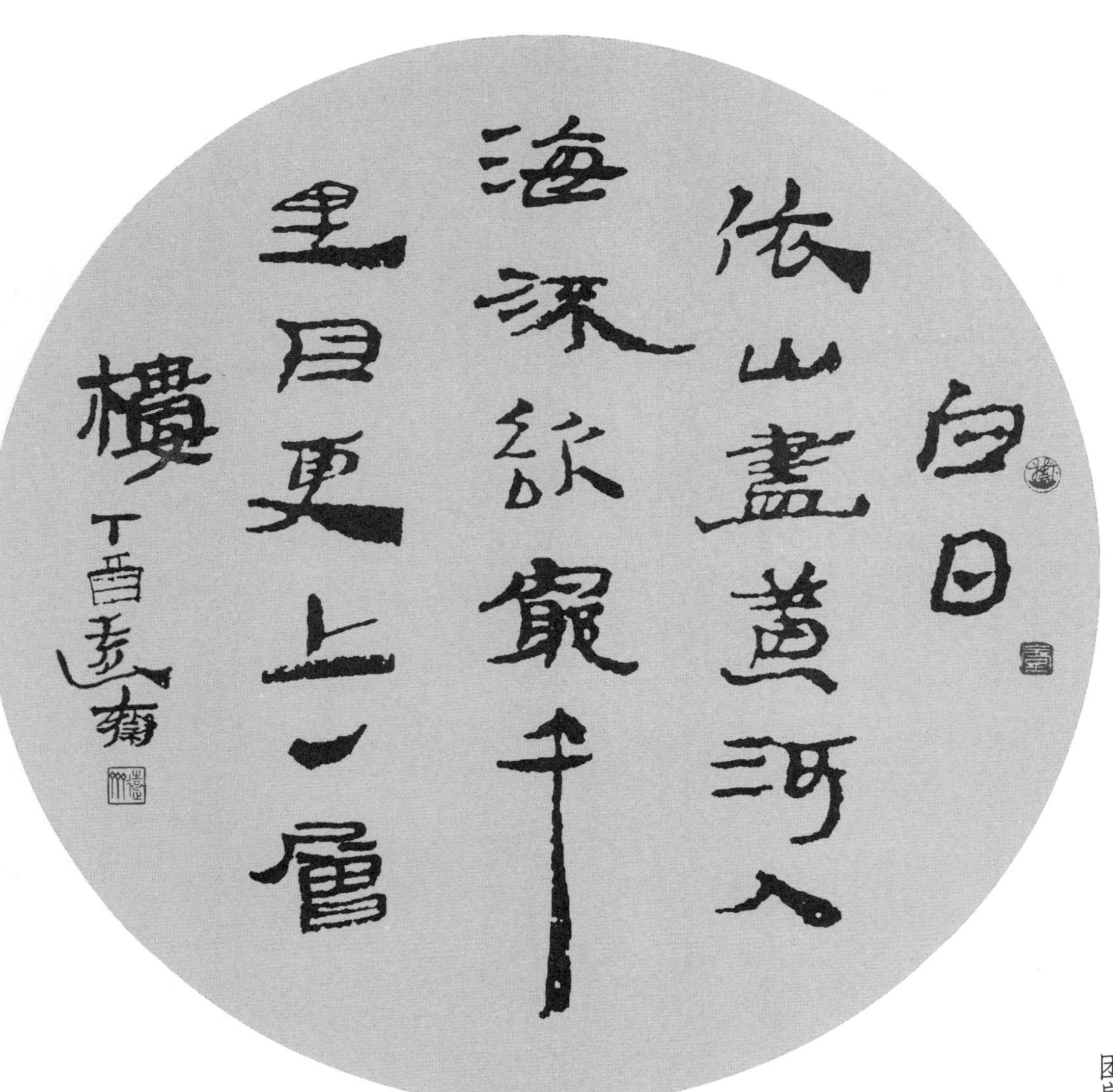

团扇

条幅

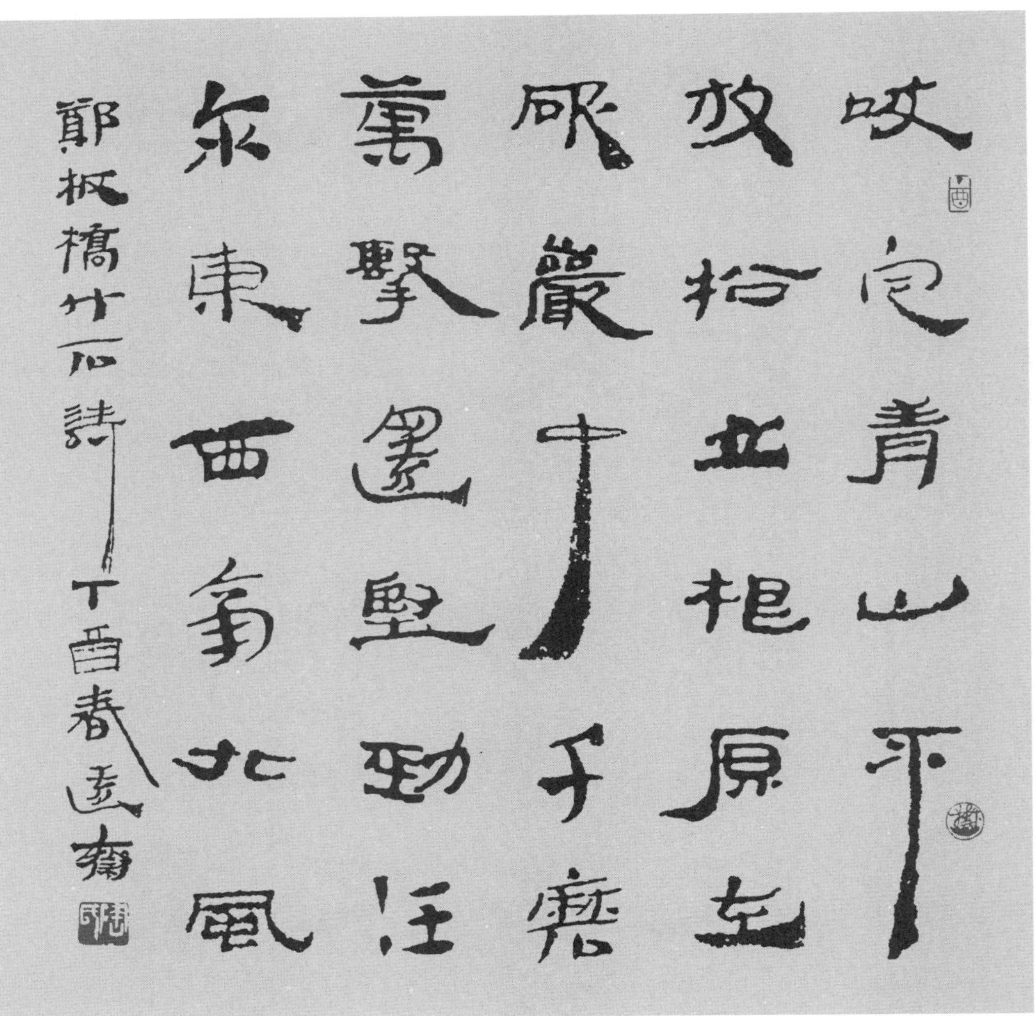

斗方

蘇東坡題西林壁

橫看成嶺側成峯遠近高低各不同不識廬山真面目只緣身在此山中

丁酉年春夕 海上遠翁

補蹉跎室箋

尺牘

关关雎鸠，在河之洲。窈窕淑女，君子好逑。参差荇菜，左右流之。窈窕淑女，寤寐求之。求之不得，寤寐思服。悠哉悠哉，辗转反侧。
参差荇菜，左右采之。窈窕淑女，琴瑟友之。参差荇菜，左右芼之。窈窕淑女，钟鼓乐之。《关雎》先秦·佚名

关关雎鸠

在河之洲

窈窕淑女

君子好逑

參差荇菜
左右流之
窈窕淑女
寤寐求之

求之不得

寤寐思服

悠哉悠哉

輾轉反側

參差荇菜
左右採之
窈窕淑女
琴瑟友之

參差荇菜
左右芼之
窈窕淑女
鐘鼓樂之

青青園中葵

朝露待日

晞陽春布

德澤萬物

青青园中葵，朝露待日晞。阳春布德泽，万物生光辉。常恐秋节至，焜黄华叶衰。百川东到海，何时复西归？少壮不努力，老大徒伤悲！**《长歌行》汉·佚名**

生光輝常
恐秋節至
焜黃華葉
衰百川東到

海何時復
西歸少壯
不努力老
大徒傷悲

南山一桂树，上有双鸳鸯。千年长交颈，欢爱不相忘。《古绝句》汉·佚名

南山一桂樹

上有雙鴛鴦

千年長交頸

歡愛不相忘

日暮秋云阴，江水清且深。何用通音信，莲花玳瑁簪。《古绝句》汉·佚名

日暮秋云陰

江水清且深

何用通音信

蓮花玳瑁簪

庭中有奇樹

綠葉發華滋

攀條折其榮

將以遺所思

庭中有奇树，绿叶发华滋。攀条折其荣，将以遗所思。馨香盈怀袖，路远莫致之。此物何足贵，但感别经时。《庭中有奇树》汉·佚名

馨香盈懷袖

路遠莫致之

此物何足貴

但感別經時

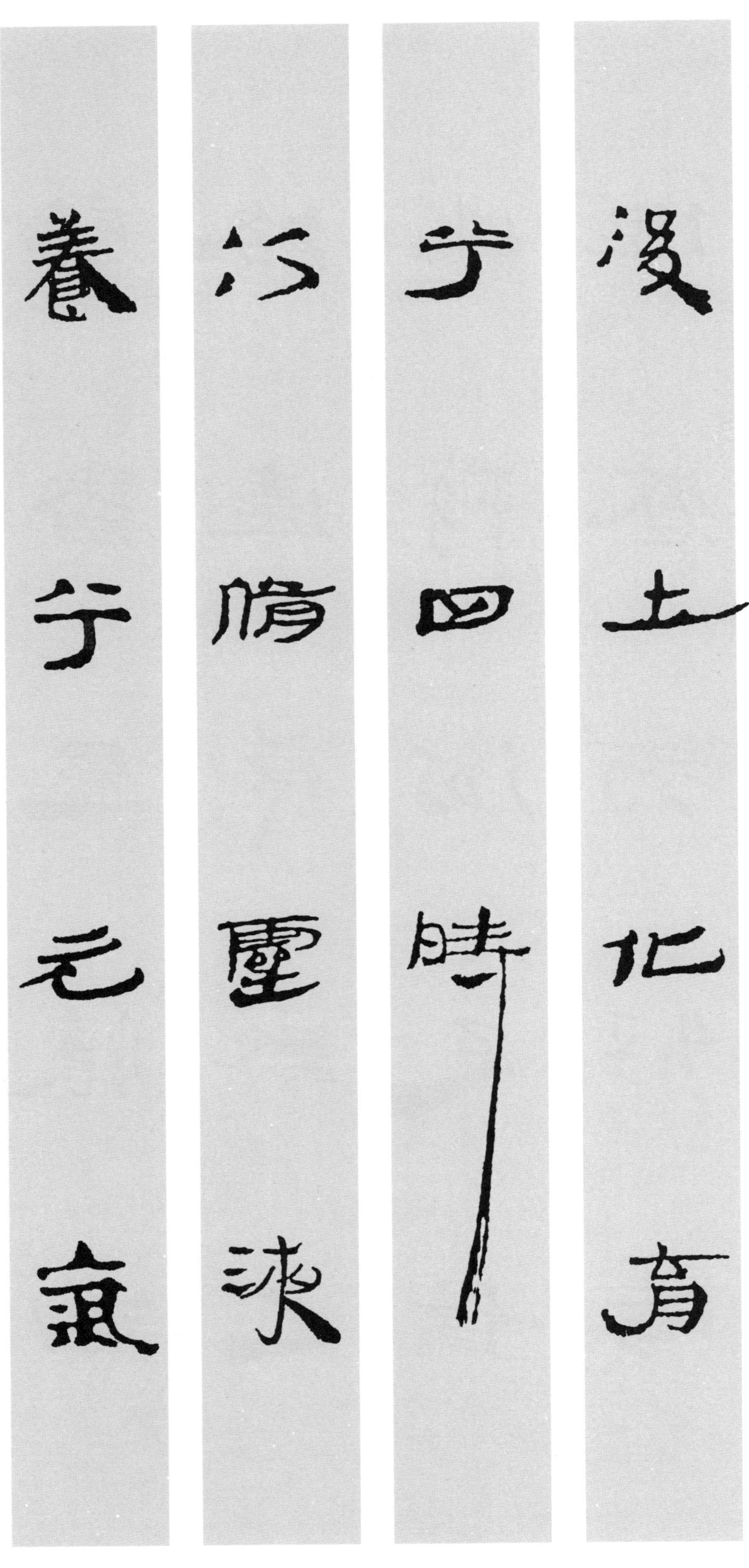

后土化育兮四时行，修灵液养兮元气覆。冬同云兮春霡霂。膏泽洽兮殖嘉谷。

《论功歌诗》东汉·班固

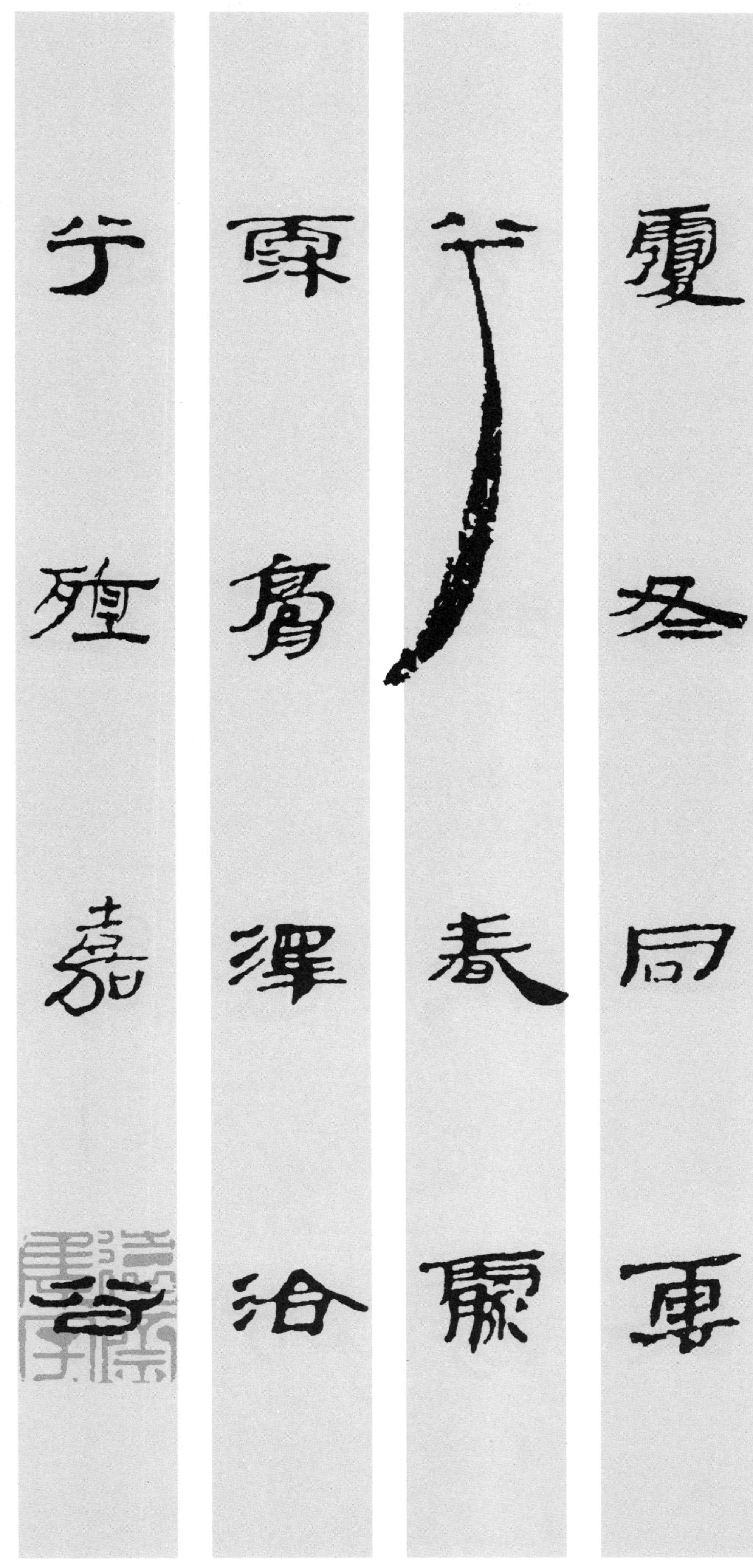

神龟虽寿，犹有竟时；腾蛇乘雾，终为土灰。老骥伏枥，志在千里；烈士暮年，壮心不已。盈缩之期，不但在天；养怡之福，可得永年。幸甚至哉，歌以咏志。《步出夏门行》（龟虽寿）三国·曹操

神龟虽寿

犹有竟时

腾蛇乘雾

终为土灰

老驥伏櫪志在千里烈士暮年壯心不

已盈殤之

期不但左

之義也之

福可得

煮豆燃豆萁，豆在釜中泣。本是同根生，相煎何太急？

《七步诗》三国·曹植

煮豆燃豆萁

豆在釜中泣

本是同根生

相煎何太急

朝阳不再盛
白日忽西幽
去此若俯仰
如何似九秋

朝阳不再盛，白日忽西幽。去此若俯仰，如何似九秋。人生若尘露，天道邈悠悠。齐景升丘山，涕泗纷交流。孔圣临长川，惜逝忽若浮。去者余不及，来者吾不留。愿登太华山，上与松子游。渔父知世患，乘流泛轻舟。《咏怀八十二首》（其三十二）三国·阮籍

一生榮辱憂

天道邈悠悠

秀景分江山

津細紛文深

孔聖臨長川
惜逝忽若浮
去者余不及
來者吾不留

願登太華山
上與松子游
漁父知世患
乘流泛輕舟

节运同可悲，莫若春气甚。和风未及燠，遗凉清且凛。

《春咏》西晋·陆机

綠房含青實
金條懸白璆
俯仰隨風
傾煒煒照清流

绿房含青实，金条悬白璆。俯仰随风倾，炜炜照清流。

《芙蕖》西晋·陆云

種豆南山下

草盛豆苗稀

晨興理荒穢

帶月荷鋤歸

种豆南山下，草盛豆苗稀。晨兴理荒秽，带月荷锄归。道狭草木长，夕露沾我衣。衣沾不足惜，但使愿无违。《归园田居》（其三）东晋·陶渊明

道狹草木長
夕露沾我衣
衣沾不足惜
但使願無違

結廬在人境

而無車馬

喧問君何能

爾心遠地偏

结庐在人境，而无车马喧。问君何能尔？心远地自偏。采菊东篱下，悠然见南山。山气日夕佳，飞鸟相与还。此中有真意，欲辨已忘言。《饮酒》（其五）东晋·陶渊明

偏採菊東籬

下悠然見

南山山氣日

夕佳飛鳥相

牵牛遥映水，织女正登车。星桥通汉使，机石逐仙槎。隔河相望近，经秋离别赊。愁将今夕恨，复着明年花。《七夕诗》南北朝·庾信

隔河相望近
經秋離別賒
愁將今夕恨
復著明年花

春事时已歇，池塘旷幽寻。残红被径隧，初绿杂浅深。偃仰倦芳褥，频步忧新阴。谋春不及竟，夏物遽见侵。《读书斋诗》南北朝·谢灵运

春事时已歇

池塘旷幽寻

残红被径隧

初绿杂浅深

僊卿倦等矯

類步憂新陰

謀春不及息

息物還已假

暮江平不動
春華滿正開
流波將月去
潮水帶星來

暮江平不动，春花满正开。流波将月去，潮水带星来。《春江花月夜》（其一）隋·杨广

光映妆楼月
花承歌扇风
欲妒梅将柳
故落早春中

光映妆楼月，花承歌扇风。欲妒梅将柳，故落早春中。《咏春雪》隋·陈子良

白日依山尽，黄河入海流。欲穷千里目，更上一层楼。

《登鹳雀楼》唐·王之涣

红豆生南国，春来发几枝。愿君多采撷，此物最相思。《相思》唐·王维

离离原上草，一岁一枯荣。野火烧不尽，春风吹又生。远芳侵古道，晴翠接荒城。又送王孙去，萋萋满别情。《赋得古原草送别》唐·白居易

遠芳侵古道
晴翠接荒城
又送王孫去
萋萋滿別情

岱宗夫如何，齐鲁青未了。造化钟神秀，阴阳割昏晓。荡胸生层云，决眦入归鸟。会当凌绝顶，一览众山小。《望岳》唐·杜甫

蕩胸生層雲
決眥入歸鳥
會當凌絕頂
一覽衆山小

春眠不觉晓，处处闻啼鸟。夜来风雨声，花落知多少。《春晓》唐·孟浩然

千山鳥飛絕
萬徑人蹤滅
孤舟蓑笠翁
獨釣寒江雪

千山鸟飞绝，万径人踪灭。孤舟蓑笠翁，独钓寒江雪。《江雪》唐·柳宗元

朝辞白帝彩云间，千里江陵一日还。两岸猿声啼不住，轻舟已过万重山。《早发白帝城》唐·李白

岸猿声啼不

住轻舟已过

万重山

相見時難別

亦難東風無

力百花殘春

相见时难别亦难，东风无力百花残。春蚕到死丝方尽，蜡炬成灰泪始干。晓镜但愁云鬓改，夜吟应觉月光寒。
蓬山此去无多路，青鸟殷勤为探看。《无题》唐·李商隐

蠶到死絲

方盡蠟炬成

灰淚始干曉

鏡但愁云鬢

改夜吟

應覺月光寒

蓬山此去無

多路青鳥殷

勤為探看

月落乌啼霜满天，江枫渔火对愁眠。姑苏城外寒山寺，夜半钟声到客船。《枫桥夜泊》唐·张继

月落烏啼霜

滿天江楓漁

火對愁眠姑

蘇城外寒山

寺夜半鐘

聲到客船

枕中云气千峰近，床底松声万壑哀。要看银山拍天浪，开窗放入大江来。

《宿甘露寺僧舍》北宋·曾公亮

萬頃銀山拍
天浪開窗放
入大江來

紅樹青山日

欲斜長郊

草色緑無涯

红树青山日欲斜，长郊草色绿无涯。游人不管春将老，来往亭前踏落花。《丰乐亭游春》（其三）北宋·欧阳修

學人不當春
將老來往亭
前踐落花

爆竹声中一岁除，春风送暖入屠苏。千门万户曈曈日，总把新桃换旧符。

《元日》北宋·王安石

千門萬戶

曈曈日總把新

桃換舊符

横看成岭侧成峰，远近高低各不同。不识庐山真面目，只缘身在此山中。

《题西林壁》北宋·苏轼

横看成岭侧

成峰远近高

低各不同

不識廬山真
面目只緣身
在此山中

云淡风轻近
午天傍花随
柳过前川时

云淡风轻近午天，傍花随柳过前川。时人不识余心乐，将谓偷闲学少年。

《春日偶成》北宋·程颢

人不厭其心

樂持謂俯閒

學之年

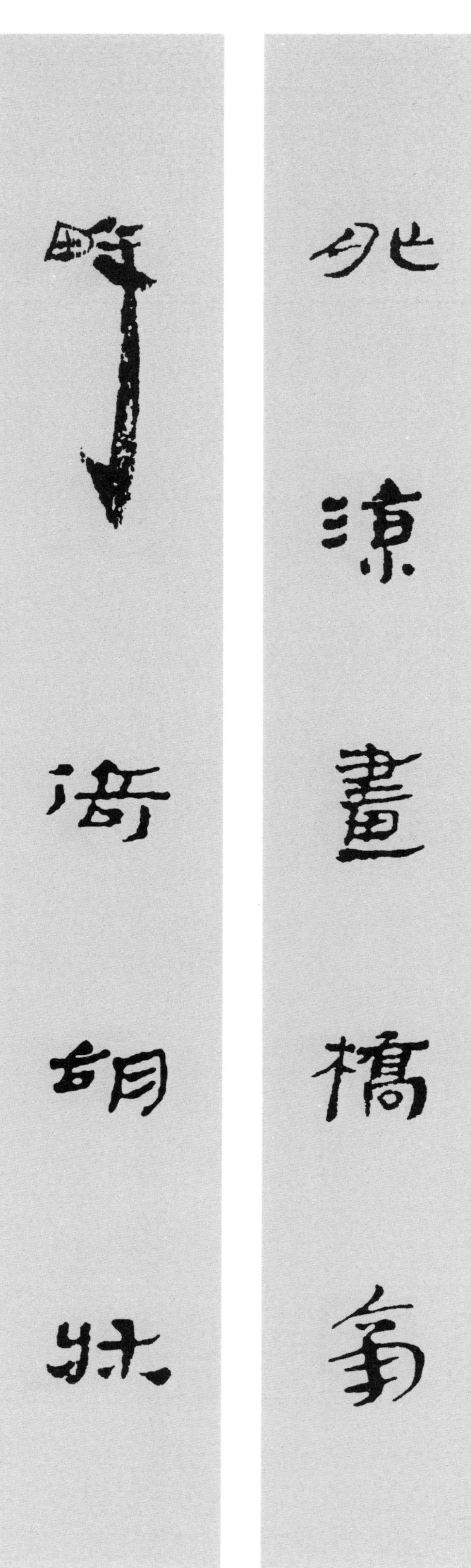

携扙来追柳外凉，画桥南畔倚胡床。月明船笛参差起，风定池莲自在香。《纳凉》北宋·秦观

月明船笛參

差起風定池

蓮自在香

四月清和雨乍晴，南山当户转分明。更无柳絮因风起，惟有葵花向日倾。《客中初夏》北宋·司马光

四月清和雨

乍晴南山當

戶轉分明更

無柳繫因

屏起雁爲葉

花向日傾

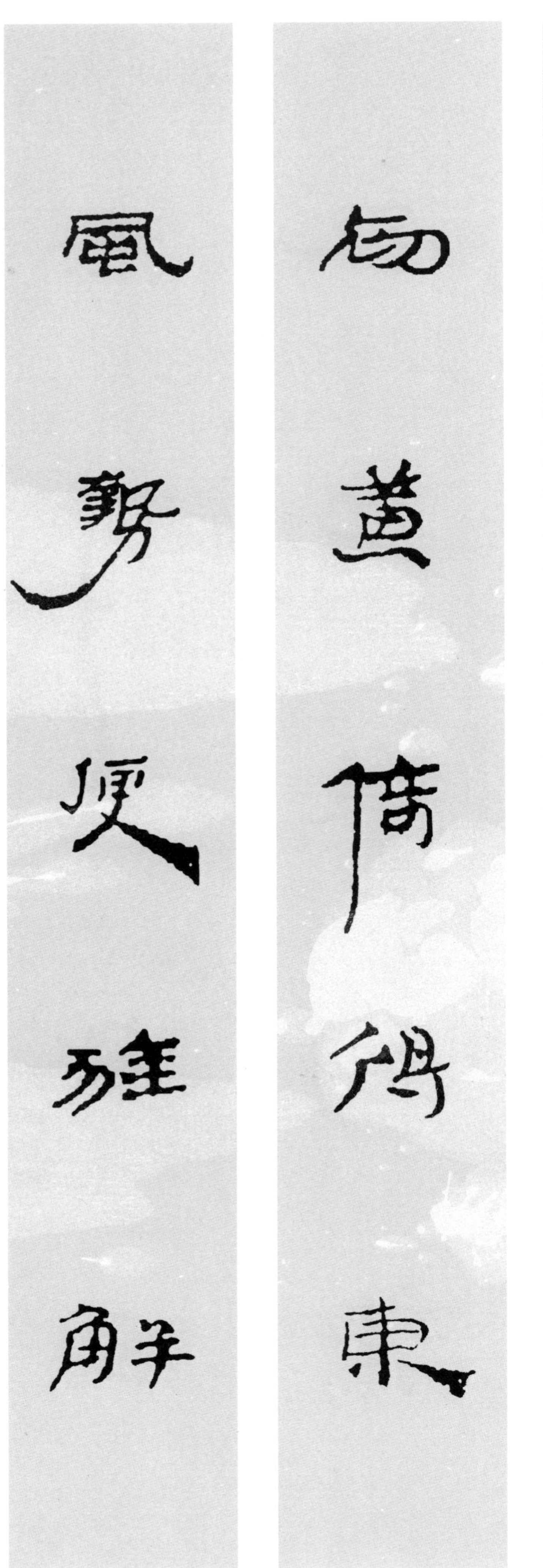

乱条犹未变初黄，倚得东风势便狂。解把飞花蒙日月，不知天地有清霜。《咏柳》北宋·曾巩

起長華夜回

月下知天

池有清霜

雪里犹能醉落梅，好营杯具待春来。东风便试新刀尺，万叶千花一手裁。

《探春》北宋·黄庶

雪里猶能醉

落梅好營杯

具待春來東

風便識新一

之萬葉千

華一手裁

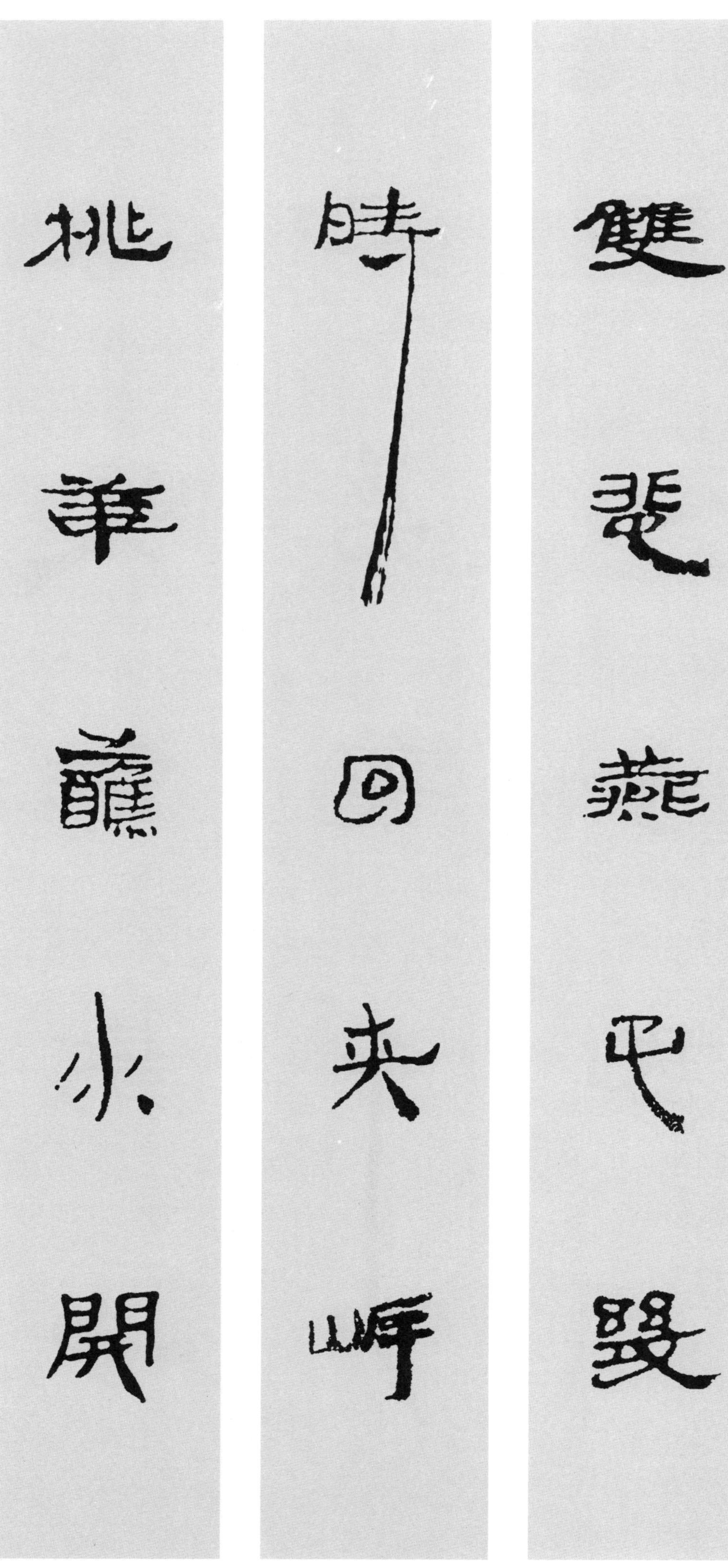

双飞燕子几时回？夹岸桃花蘸水开。春雨断桥人不度，小舟撑出柳阴来。《春游湖》北宋·徐俯

春雨斷橋人

不度小舟

撐出柳陰來

闻道梅花坼晓风，雪堆遍满四山中。何方可化身千亿，一树梅花一放翁。《梅花绝句》南宋·陆游

何方可化

身千億一樹

梅華一放翁

泉眼无声惜细流，树阴照水爱晴柔。小荷才露尖尖角，早有蜻蜓立上头。《小池》南宋·杨万里

泉眼無聲惜

細流樹陰照

水愛晴柔小

荷才露尖尖角早有蜻蜓立上頭

胜日寻芳泗水滨，无边光景一时新。等闲识得东风面，万紫千红总是春。《春日》南宋·朱熹

閒識得東風

面萬紫千紅

總是春

威风万里压南邦，东去能翻鸭绿江。灵怪大千俱破胆，那教猛虎不投降。

《伏虎林应制》辽·萧观音

怪大千俱破

膽那条

猛虎不投降

枝間新綠一
重〻小蕾深
藏數點紅愛

枝间新绿一重重，小蕾深藏数点红。爱惜芳心莫轻吐，且教桃李闹春风。《同儿辈赋未开海棠》（其二）金·元好问

惜芳心莫難

吐且數桃李

開春風

吾家洗砚池头树，个个花开淡墨痕。不要人夸好颜色，只留清气满乾坤。《墨梅》元·王冕

畢一詩段

顏色紙尚清

氣滿乾坤

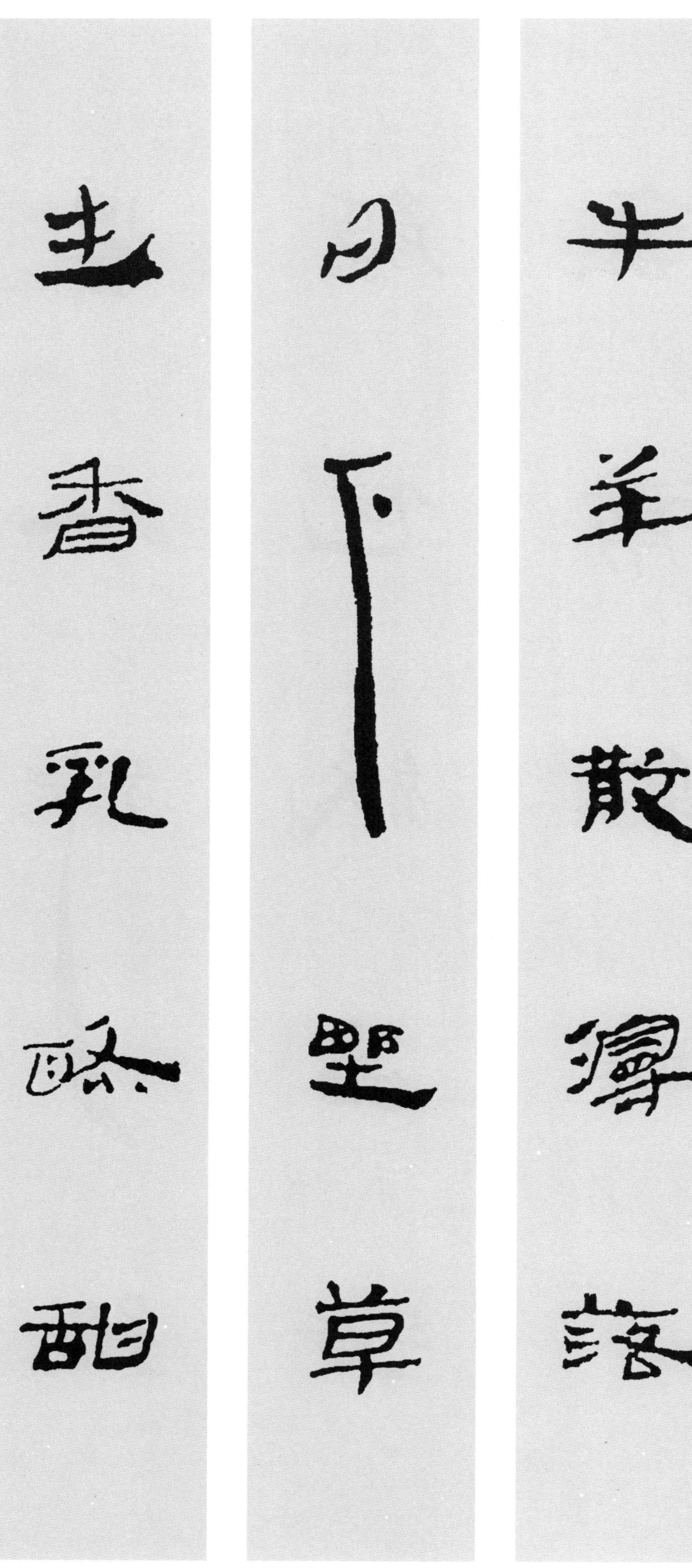

牛羊散漫落日下，野草生香乳酪甜。卷地朔风沙似雪，家家行帐下毡帘。《上京即事》元·萨都剌

捲地翔風沙

似雪家家行

帳下戲簾

千錘萬鑿出深山，烈火焚燒若等閑

千锤万凿出深山，烈火焚烧若等闲。粉骨碎身全不怕，要留清白在人间。《石灰吟》明·于谦

粉骨碎身全

不怕留箇清

白在人間

碧水丹山映杖藜，夕阳犹在小桥西。微吟不道惊溪鸟，飞入乱云深处啼。《题画》明·沈周

碧水丹山映

杖藜夕阳犹

在小桥西微

呼来直驚

漁鳥飛入敬

石深處嘯

逸齋集字

寂历秋江渔火稀，起看残月映林微。波光水鸟惊犹宿，露冷流萤湿不飞。《江宿》明·汤显祖

寂歷秋江漁

火稀起看殘

月映林微波

老水鳥驚猶

宿夏冷添螢

濕下悲

咬定青山不放松，立根原在破岩中。千磨万击还坚劲，任尔东西南北风。

《竹石》清·郑燮

咬定青山不放松立根原在破岩中

千磨萬擊還堅勁
任爾東西南北風

爱好由来下笔难，一诗千改始心安。阿婆还似初笄女，头未梳成不许看。《遣兴》清·袁枚

阿婆還似初

笄女

頭未

梳成不許看

浓似春云淡似烟，参差绿到大江边。斜阳流水推篷坐，翠色随人欲上船。《富春至严陵山水甚佳》清·纪昀

濃似春雲淡

似煙參差綠

到大江邊

斜陽深水推
蓬望翠色
隂人欲上船

李杜诗篇万口传，至今已觉不新鲜。江山代有才人出，各领风骚数百年。《论诗五首》（其二）清·赵翼

江山代有才

人出各領風

騷數百年

浩蕩離愁白

日斜吟鞭

東指即天涯

浩荡离愁白日斜，吟鞭东指即天涯。落红不是无情物，化作春泥更护花。《己亥杂诗》（其五）清·龚自珍

落紅不是橆

情物化作春

泥更護華

居庸关上子规

啼饮马流

泉落日低雨

居庸关上子规啼，饮马流泉落日低。雨雪自飞千嶂外，榆林只隔数峰西。《出居庸关》清·朱彝尊

雲山表千

嶂外榆林紙

陽數峯西

江干多是钓人居，柳陌菱塘一带疏。好是日斜风定后，半江红树卖鲈鱼。《真州绝句》清·王士祯

是日斜風定後半江紅樹賣鱸魚

挥毫落纸墨痕新，几点梅花最可人。愿借天风吹得远，家家门巷尽成春。

《题画梅》清 · 李方膺

願借天風吹
得遠家家門
巷盡成春

不惜千金買寶刀貂裘換酒也堪豪。

不惜千金买宝刀，貂裘换酒也堪豪。一腔热血勤珍重，洒去犹能化碧涛。《对酒》清·秋瑾

腔熱血勤珍

重灑去猶能

化碧濤

逵齋筆

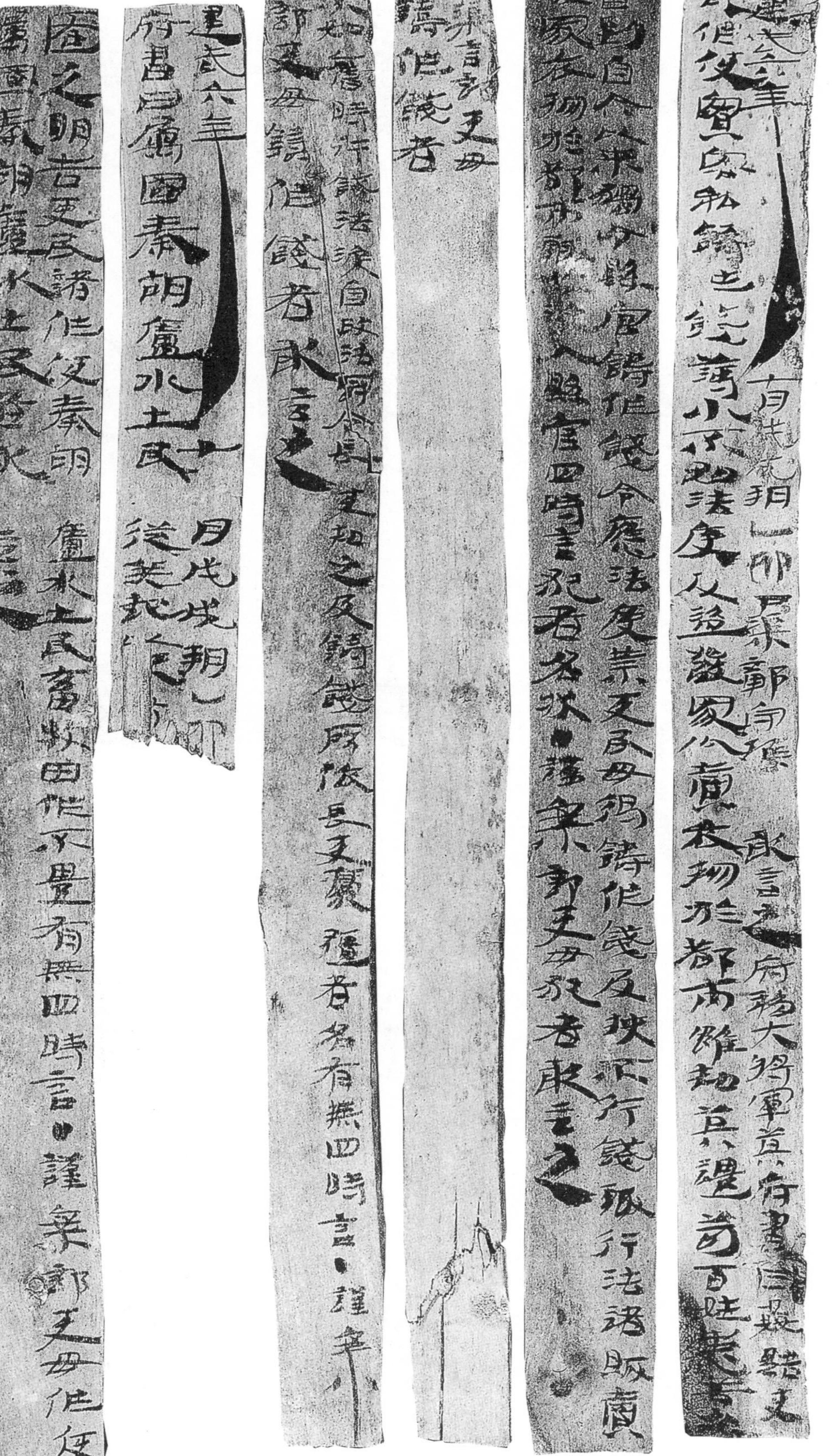

居延甲渠《四时》文书

居延甲渠候官《死驹劾状》册

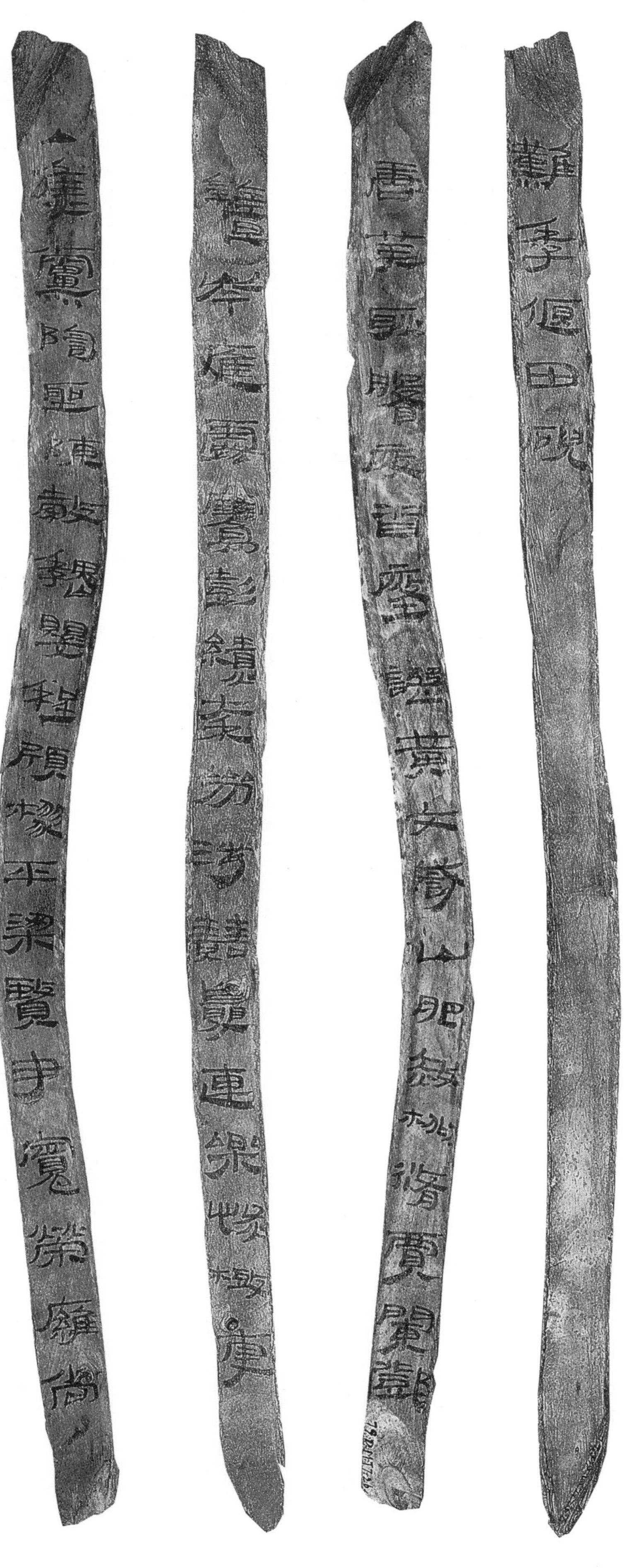

敦煌马圈湾习字觚（四面柱形、四面书写）

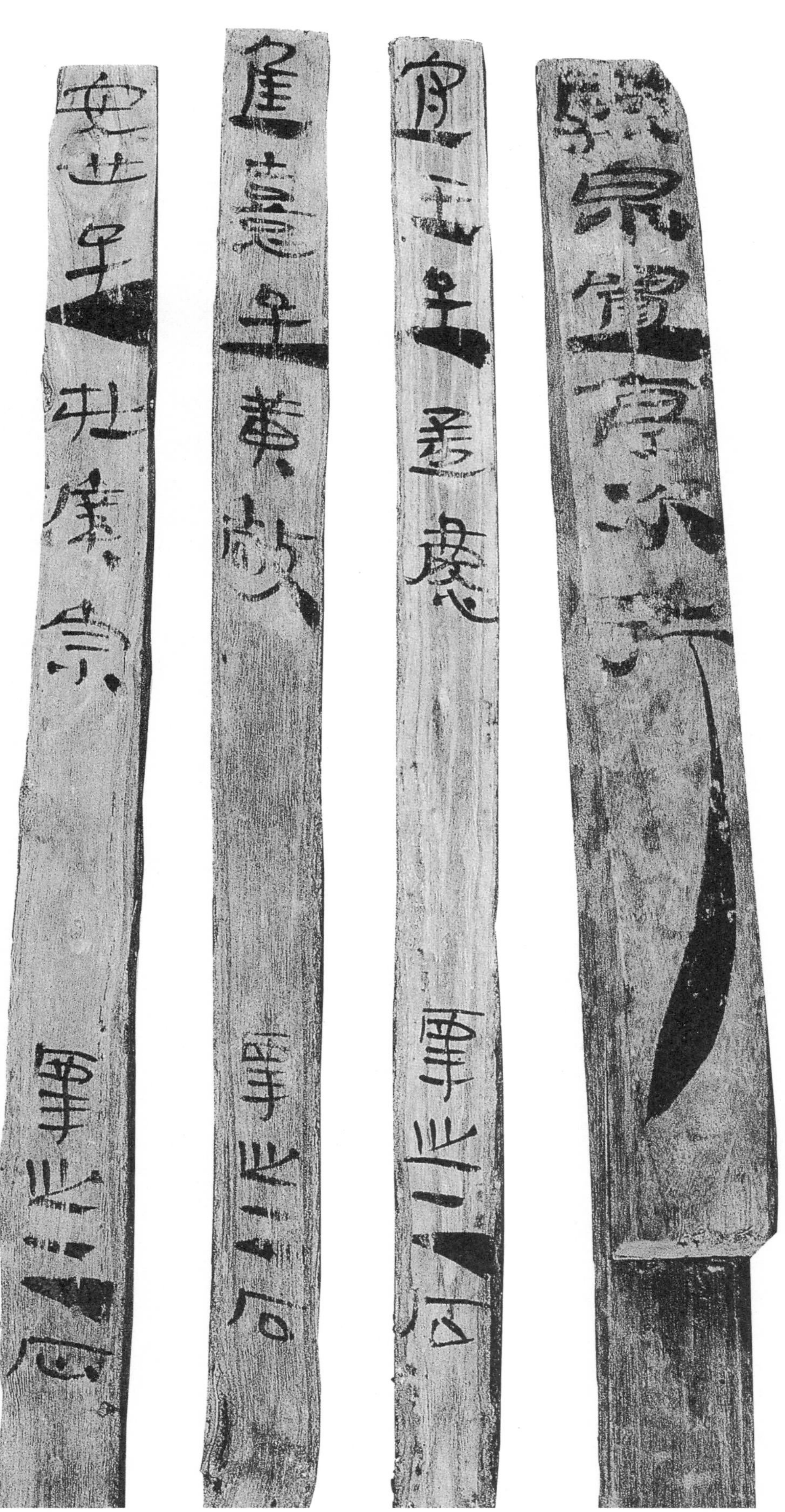

敦煌悬泉置简

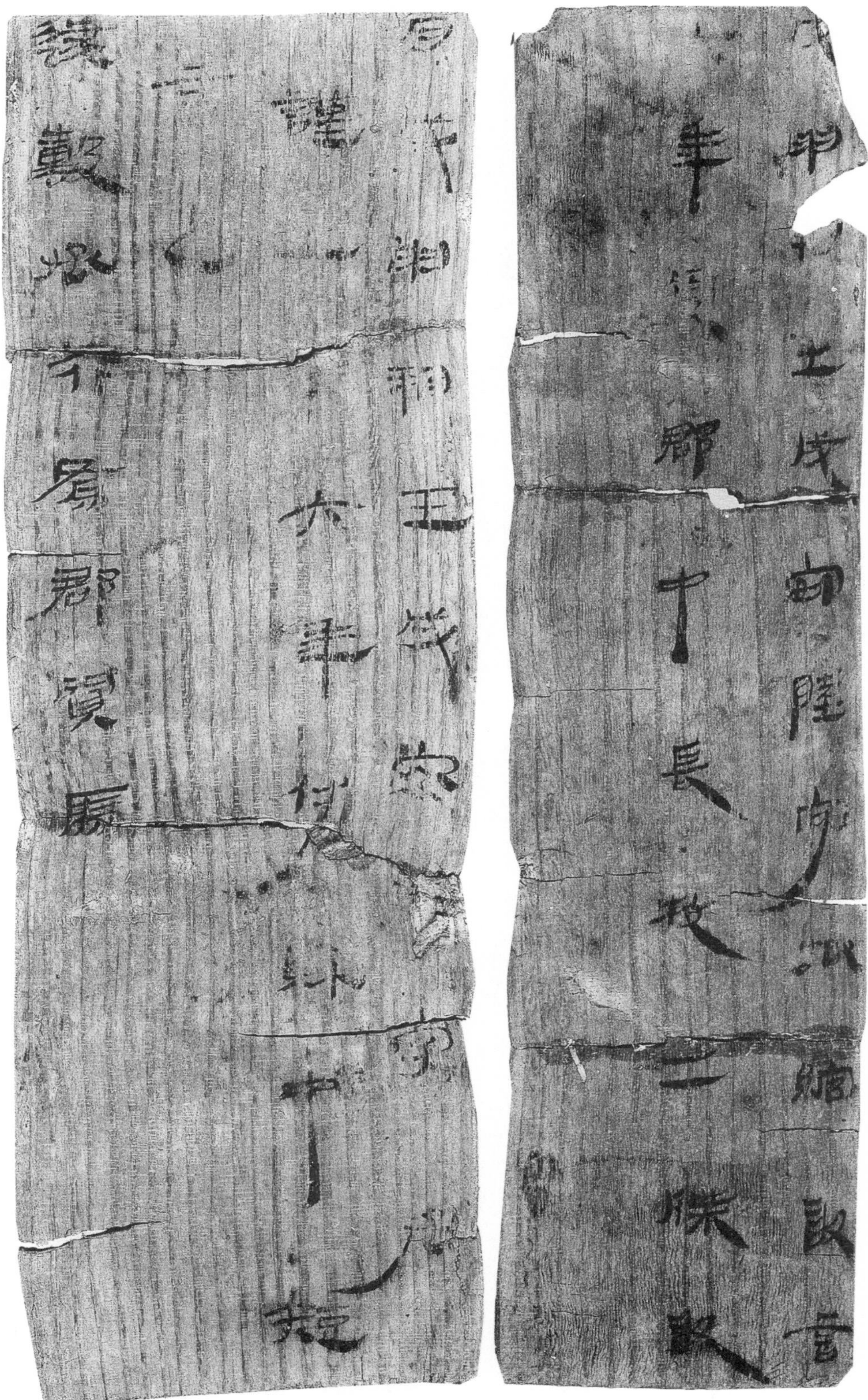

荆州凤凰山简牍

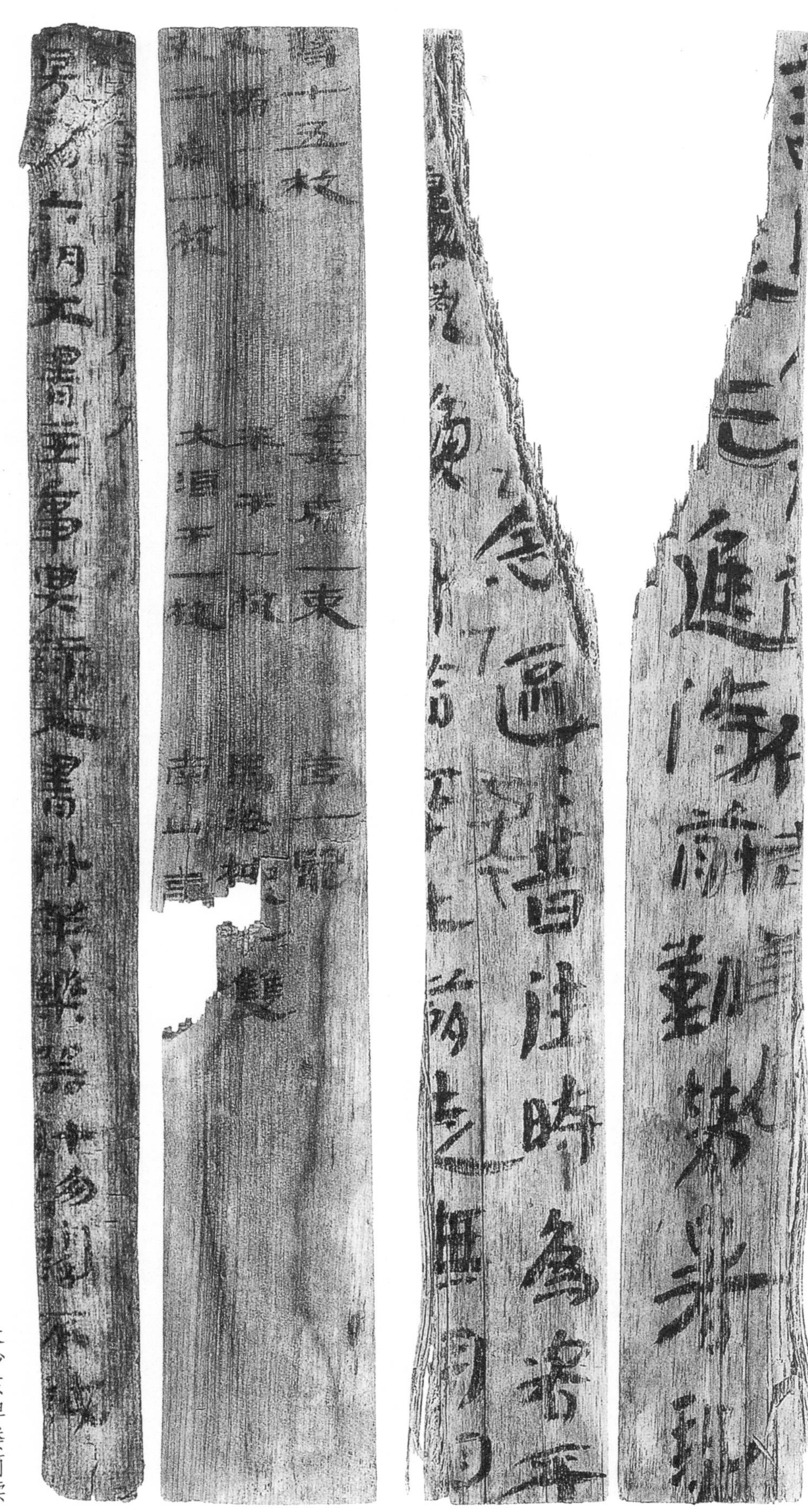

长沙东牌楼简牍

图书在版编目（CIP）数据

汉简集字古诗 / 陶经新编著. — 上海 : 上海书画出版社，2017.8 （中国汉简集字创作）

ISBN 978-7-5479-1551-6

Ⅰ.①汉… Ⅱ.①陶… Ⅲ.①竹简文－法帖－中国－汉代 Ⅳ.①J292.22

中国版本图书馆CIP数据核字(2017)第170761号

中国汉简集字创作

汉简集字古诗

责任编辑 时洁芳
技术编辑 钱勤毅
审　　读 陈家红
责任校对 周倩芸
设计制作 胡沫颖
封面设计 王　峥

出版发行 上海书画出版社
地址 上海市延安西路593号 200050
网址 www.shshuhua.com
E-mail shcpph@online.sh.cn
印刷 上海肖华印务有限公司
经销 各地新华书店
开本 787×1092mm 1/12
印张 11
版次 2017年8月第1版
2017年8月第1次印刷

书号 ISBN 978-7-5479-1551-6
定价 39.00圆